AF287258

Bea Michl | Emil Bach

AUF EIN MAOAM
MIT OTTO

Ein literarisches
Experiment in
123 Variationen

SCHILLO
VERLAG

Für alle Ottos dieser Welt und alle,
die sich so fühlen

„Was ist eigentlich ein Palindrom?",
fragte mich Otto, der Rentner
von nebenan, als ich gerade
Maoam aus dem Lagerregal nahm.

#2

„Was ist eigentlich eine Alliteration?",
orgelte Otto, der omnipräsente Opa von
oben, als ich gerade Obstersatz ortete.

„Was ist eigentlich Zensur?", fragte
mich ███, der ältere ███ von
██████, als ██ gerade ██████ aus
dem Regal nahm.

„Wie äußert sich eigentlich Empörung im Internet?", fragte mich Otto, der ältere Herr von nebenan ALS ICH GERADE MAOAM AUS DEM REGAL NAHM!!11!!!

„Was ist eigentlich das Problem an Autokorrektur?", fragte mich Otto, der alternative Herr vom Nebelbank, als ich geradeaus Maori aus dem Regel Hahn.

#6

„Was ist eigentlich Dadaismus?",
laaaaaa übiübi ~~the~~ hell o^ma
Ottottotto щхуz ?Steckenpferd
❶, , Maoamjamjam.

„Was ist eigentlich eine Metapher?",
rumpelte das Wrack von nebenan,
als ich gerade süße Gummiziegel
aus dem Bett ihres Wartens weckte.

#8

„Was ist eigentlich eine Metonymie?",
fragte mich das Brillengestell von
nebenan, als ich gerade Haribo vom
Aluminium nahm.

„Was ist eigentlich ein umarmender Reim?",
fragte mich Otto, der rüstige Rentner
von nebenan, als ich gerade
Maoam (nicht Marmelade!),
mehr als ein Pfund, doch wohl kein Zentner,
dem Regal entnahm, bei mir daheim.

#10

„Was ist eigentlich ein Binärcode?", 01100
110011100100110000101100111011101100011
00101 011011010110100101100011011101000
0100111101110100011101000110111100101100
0 0110010001100101011100100 11000011101
00100011011000111010001100101011100100
01100101 010010000110010101110010011100
010 011101100110111101101110 011011100110
010101100010011001010110111001100000101
10111000101100 011000010110110001110011
011010010110001101101000 01100111001
100101011100100110000101100100011
00101 010011010110000101101111011000
00101101101 011000010111010101110011
011001000110010101101101 010100100110
010110011101100000101101100 011011100110
000010110100001101101.

„Wie ruiniert man eigentlich eine Geschichte in nur einem Satz?", fragte mich Otto, der ältere Herr von nebenan, als ich gerade Maoam aus dem Regal nahm. Da wachte ich auf und bemerkte, dass alles nur ein Traum war.

#12

„Wie hat man eigentlich zu Zeiten Shakespeares gesprochen?", hath asked me Othello, the eld'rly sir from next doth'r as I tooketh the maoam off the shelves.

„Wie könnten wir eigentlich die Handlung klischeehaft waldorfschulengerecht hinbiegen?", tanzte Otto, der ältere Herr von nebenan, als ich gerade ungezuckerte Vollkornkekse aus dem selbstgezimmerten, nicht ganz rechtwinkligen Regal nahm.

#14

„Was ist eigentlich ein Euphemismus?", fragte mich Otto, der meist freundliche Herr im goldenen Herbst seines Lebens aus der Genossenschaftswohnung nebenan, als ich gerade semi-gesunde Süßwaren aus dem mutig konstruierten Regal nahm.

„Was ist eigentlich ein Fremdwort?", perkontierte Otto, der pensionierte homo sapiens proximalen Domizils, als ich gerade zur Mastikation prädestinierte Saccharose-Quader aus dem Horizontalmagazin selektierte.

#16

„Was ist eigentlich versteckte Produkt-
platzierung?", fragte mich Otto, der
ältere Herr von nebenan, als ich gerade
Kaubonbons (die guten von Haribo)
aus dem Regal nahm.

„Was ist eigentlich Realismus?", fragte
mich Otto, der ehemalige Bahnschranken-
wärter, eines Nachmittags im Spätherbst.
Dabei rückte er sich mit der Spitze des
linken Zeigefingers seine matt silbrig
glänzende dünnrandige Brille zurecht. Ich
stand gerade auf einer dreistufigen
Trittleiter und begann, eine ein Kilogramm
schwere transparente Plastikdose aus
dem zweitobersten Fach des Regals zu
heben. In der Dose befanden sich sechs
verschiedene Sorten Maoam.

#18

„Was ist eigentlich eine Tautologie?", fragte und erkundigte sich Otto, der berentete und pensionierte Herr und Mann von nebenan und aus der Nachbarschaft, als ich und meine Wenigkeit gerade und im Moment Maoam und Kaubonbons von Haribo aus dem Regal und dem Gestell nahm und entfernte.

„Was ist eigentlich eine Aposiopese?",
fragte mich Otto, der ältere Herr von
nebenan, als ich gerade –

#20

„Wie funktioniert eigentlich Lautmalerei?", fragte mich Otto, der ältere Herr von nebenan, als ich gerade Maoam aus dem Regal... **BOOF! BAM! POW! OUCH!**

„Was ist eigentlich ein Oxymoron?", fragte mich Otto, der junge Greis aus ferner Nachbarschaft, als ich gerade gesunde Industriezuckerklötze aus dem schönen Pressspan-Regal nahm.

#22

„Was haben die Leute eigentlich gegen
Anglizismen?", askte mich Otto, der
Silver Surfer aus der Hood, als ich gerade
Maoam vom Shelf am Taken war.

„Wird Corona eigentlich Spuren in der Literatur hinterlassen?", nuschelte Otto, der Rentner von nebenan, durch seine Maske, als ich gerade Maoam aus dem Regal hamsterte.

#24

„Was ist eigentlich ein Zeugma?", fragte mich Otto, der ältere Herr von nebenan und großer Nettigkeit, als ich gerade auf einer Trittleiter und in der Blüte meiner Jahre stand, um Maoam aus dem Regal und mittelfristig dadurch wohl eher zuzunehmen.

„Was ist eigentlich abgedroschener
Horror?", fragte mich Otto, der
ältere Herr von nebenan, als ich
gerade Maoam aus dem Regal nahm.
Plötzlich fiel die Kellertür zu.

#26

„Wie funktioniert eigentlich wissenschaft-
liches Schreiben?", fragte mich Otto
(zur Etymologie vgl. wiktionary.org, s.v.),
der ältere Herr (vgl. Städtisches Geburten-
register 1944: 17) von nebenan (vgl.
Telefonbuch 2019, s.v. Meyer, Otto), als
ich gerade Maoam aus dem Regal
(vgl. IKEA 2011: 32) nahm.

„Namaste. Wieso kenne ich eigentlich
die Yogastellung gar nicht, die du
da machst?", fragte mich Otto, der
ehrwürdige Yogi von nebenan, als
ich gerade mit gebündelter Energie
den Gestreckten Gruß des Naschenden
an das Maoam-Regal praktizierte.

#28

„Bist du eigentlich auch ein Normal-
verbraucher?", fragte mich Otto,
der Rentner von nebenan, als ich
gerade eine Kilo-Dose Maoam ganz
für mich allein aus dem Regal nahm.

„Was ist eigentlich schlechter Geschmack?", fragte mich Otto, der ältere Herr von nebenan, als ich gerade Maoam aus dem Regal nahm.

#30

„Was ist eigentlich Intertextualität?",
fragte mich Otto, weder Fräulein, weder
schön von nebenan, als ich armer Tor
gerade Maoam aus dem Regal nahm.

„Wie klingt eigentlich die Bibel?", fragte
aber Otto, der da war ein älterer Herr aus
dem Geschlechte Meyer und der da zu
mir gekommen war aus dem Nachbar-
hause. Ich aber nahm gerade Maoam aus
dem Regal.

#32

„Was ist eigentlich reversive Antonymie?",
fragte mich Otto, der ältere Herr von
nebenan, als ich gerade Maoam ins Regal
stellte.

„Was ist eigentlich ein hinkender Vergleich?", fragte mich Otto, der ältere Herr von nebenan, als ich gerade mutig wie ein schockgefrostetes einbeiniges Känguru Maoam aus dem Regal nahm.

#34

„Wie wird man eigentlich YouTube-Star?",
fragte mich Otto, der ältere Herr von
nebenan, der übrigens auch einen Kanal
hat – Link in der Infobox –, als ich gerade
Maoam (#Produktplatzierung) aus dem
Regal nahm und in die Kamera hielt.

„Wie funktioniert eigentlich Phantastische Jugendliteratur?", fragte mich Otto, der ältere Herr von nebenan, als ich – die auserwählte Hauptfigur – gerade Maoam aus dem Regal nahm und einen Atemzug ausstieß, von dem ich nicht wusste, dass ich ihn gehalten hatte.

#36

„Wie klingen eigentlich Aufwärmübungen für die Stimme?", fragte mich O, T, T, O, O, T, T, O, der ältere Gesangsschüler von nebenan, als ich gerade MA, O, AM, MA, O, AM aus dem Regal nahm.

„Wo ist eigentlich Benjamin, der liebe Elefant?", fragte mich der ehemals rothaarige Otto von nebenan, als ich gerade Maoam aus meinem neuen Elfenbeinregal nahm.

#38

„Wie funktioniert eigentlich eine Leer-
taste?", fragtemichOtto,derältereHerr-
vonnebenan,alsichgeradeMaoamaus-
demRegalnahm.

„Was ist eigentlich Metasprache?", äußerte sich der vierbuchstabige ältere Herr von nebenan mit fallender Intonation, aber fragender Illokution auf Deutsch, als ich gerade Maoam aus dem Regal nahm.

#40

„Was sind eigentlich Emojis?",
? .

„Reimt sich eigentlich was auf meinen Namen?", fragte mich Otto, der ältere Herr von nebenan, als ich gerade Maoam aus dem Regal nahm, die ich mir von meinem Gewinn bei einem bekannten Zahlenglücksspiel gekauft hatte.

„Hättest du dir eigentlich andere Vorräte zugelegt, wenn du das mit der Zombieapokalypse geahnt hättest?", fragte mich Otto, der noch nicht untote, aber bereits seelenlose Herr von nebenan, als ich gerade die letzte Kilo-Dose Maoam aus dem Regal nahm.

„Was ist eigentlich Lautschrift?",
ˈfraːgtə mɪç ˈɔto, deːɐ̯ ˈɛltɐʁə hɛʁ fɔn
neːbn̩ˈʔan, als ɪç ɡəˈʁaːdə ˈmaʊam
aʊ̯s deːm ʁeˈɡaːl naːm.

#44

„Was haben Kaubonbons eigentlich mit der chinesischen Kulturrevolution zu tun?", fragte mich Otto, der ältere Genosse von nebenan, als ich gerade ein Porträt von Mao am Süßigkeitenregal aufhing.

„Did you just assume my gender?",
fragte mich Otto, der*die Rentner*in
von nebenan, als ich gerade Maoam
aus dem Regal nahm.

#46

„Wer war eigentlich Thomas Mann?", fragte mich, nachdem er mir einen guten Tag gewünscht hatte, Otto, der rüstige, wenngleich, wie an seiner Brille erkennbar wurde, nicht mehr im vollen Umfang seiner Sehkraft befindliche ältere Herr, der, wenn ich mich richtig entsinne, nur drei Häuser weiter oben, in dem Ziegelgebäude, gleich neben dem Marzipangeschäft also, seine gemietete Zweizimmerwohnung bewohnte, als ich, nicht ohne Mühe, aber dennoch ohne vor unlösbaren Problemen zu stehen, auf einer Trittleiter mich befindend und genau wissend, was ich suchte, eine Dose Maoam dem Regal entnahm und mich sodann, von allem geistigen Ballast befreit, aber nun mit zweipfundiger Last bestückt, anschickte, den Abstieg zu beginnen.

„Was ist eigentlich Minimalismus?",
fragte Otto.

#48

„Was ist eigentlich ein graphisches Crescendo?", fragte mich Otto, der ältere Herr von nebenan, als ich gerade

мAOAM

aus dem Regal nahm.

„Was ist eigentlich eine Anadiplose?",
fragte mich Otto. Fragte mich Otto, der
ältere Herr von nebenan, als ich gerade
Maoam aus dem Regal nahm.

#50

„Was passiert eigentlich, wenn man bei Google Translate einen deutschen Text erst ins Französische, von da ins Malaysische, dann ins Baskische, von da ins Weißrussische, anschließend ins Dänische, von dort ins Lateinische und schließlich wieder ins Deutsche übersetzt?", Otto bat den Herrn, mir damals einen alten Mann zu dienen, den sie MAOA ein Rednerpult erarbeiteten.

„Ist das überhaupt vegan?", fragte
mich Otto, der ältere Moralapostel
von nebenan, als ich gerade Maoam
aus dem Regal nahm.

#52

„Wie spricht man eigentlich in der Schweiz?", hent mi g'fräglet Otto, da huara aute Chnuuschti va näbezueche, wann i grad hend ysackled es Täfeli usm Chuchichäschtli.

„Was ist eigentlich Numerusinkongruenz?",
fragten mich Otto, der ältere Herr von
nebenan, als ich gerade Maoam aus dem
Regal nahm.

#54

„Wie klingt eigentlich Poetry Slam?",
fragte mich neulich
an einem bläulich-
en Nachmittag
Otto,
mein Nachbar, schon gräulich,
ganz nach dem Motto:
O Gott, o Gott, o
das war jetzt deep und –

ich – ich nahm
Maoam
aus den Tiefen des Regals.

„Was ist eigentlich eine Inversion?",
Otto mich fragte, von nebenan der
ältere Herr, als ich aus dem Regal
gerade nahm das Maoam.

#56

„Was ist eigentlich eine Kunstpause?",
fragte mich Otto, der ältere Herr von
nebenan, als ich gerade

...

...

...

...

...

...

...

...

...

Maoam aus dem Regal nahm.

„Was ist eigentlich ein Neologismus?",
neugierte Otto, der renteröse Nebenanist,
als ich gerade Kinderkehlenklebeklötze
aus dem Futterfach retopographierte.

#58

„,Was ist eigentlich eine narrative Meta-
Ebene?', fragte mich Otto, der ältere
Herr von nebenan, als ich gerade Maoam
aus dem Regal nahm", las uns meine
Tante aus dem Bilderbuch vor.

„‚Was ist eigentlich Metalepse?', fragte mich Otto, der ältere Herr von nebenan, als ich gerade Maoam aus dem Regal nahm", las uns meine Tante aus dem Bilderbuch vor und gab Otto die Maoam.

#60

„Was ist eigentlich eine Fußnote?",
fragte mich Otto[1], als ich gerade
Maoam aus dem Regal nahm.

[1] Der ältere Herr von nebenan.

„Was ist eigentlich Surrealismus?", fragte
mich Olga, die Giraffe aus Katalonien, als
ich gerade geschmolzene Schnurrbärte
aus der Pfeife nahm, die keine war.

„Was ist eigentlich formale Inkonsistenz?",
fragte mich Otto, der ältere Herr von
nebenan, als ich gerade Maoam aus dem
Regal nahm.

„Was ist eigentlich die rheinische Verlaufsform?", fragte mich Otto, der ältere Herr von nebenan, als ich gerade Maoam aus dem Regal am Nehmen war.

#64

„Wie funktioniert eigentlich ein didaktisch völlig wertloser Lückentext?", fragte mich _____ , der ältere Herr von nebenan, als ich gerade _____ aus dem Regal nahm.

„Wie nutzt man eigentlich zu viele oder sogar falsche unbestimmte Artikel in einem Satz?", fragte mich ein Otto, ein älterer Herr von nebenan, als ich gerade ein Maoam von einem Regal einnahm.

#66

„Was ist eigentlich ein Anagramm?",
fragte mich Otto, elender Bohrvater
aus Aachen, armselig lehrender
Anagrammdämone.

„Wie sieht eigentlich ein absurd kurzer und damit letztlich überflüssiger Einkaufszettel aus?", fragte mich Otto, der ältere Herr von nebenan, als ich gerade

Maoam ✔

aus dem Regal nahm.

#68

„Wie klingt eigentlich Simlisch?", sperk
Otto, Ahaha Aba Aba Aba neib Nooboo o
vwa vwaf sna, ninap ah zerpa Dobbinips
– oh feebee lay – aw Minza bar, sul sul.

„Wieso denke ich eigentlich gerade an diese Stellung, in der zwei Leute einander oral befriedigen?", fragte mich Otto, der ältere Casanova von nebenan, als ich gerade unschuldig Maoam aus dem Regal nahm.

#70

„Wie haben sich eigentlich Bundestags-
reden in den 70ern angehört?", fragte
mich, und das möchte ich betonen, Otto,
der Mitbürger von nebenan, der, liebe
Kollegen, sich um unser Land verdient
gemacht hat, als ich, und das wird man
noch sagen dürfen, gerade Maoam —
da können Sie ruhig lachen in der Oppo-
sition — aus dem Regal, mit Verlaub,
gerade in Zeiten wie diesen, meine Herren.

„Was ist eigentlich eine alphabetische Sortierung ersten Grades?", als ältere aus dem der fragte gerade Herr ich Maoam mich nahm nebenan Otto Regal von.

#72

„Was ist eigentlich eine alphabetische
Sortierung zweiten Grades?", aefgrt chim
Oott, der äeelrt Ehrr nov abeennn, als
chi adeegr Aammo asu dem Aeglr ahmn.

#73

„Was ist eigentlich eine alphabetische
Sortierung dritten Grades?", aaaaaaaaa
ä b cc ddd eeeeeeeeee f ggg hhhh ii lll
mmmmm nnnnn oooo rrrrrrr ss tttt u v.

#74

„Was ist eigentlich für Deutsche der Beweis dafür, dass Gott Humor hat?", vroeg mij Otto, de oudere heer uit de buurt, als ik juist Maoam van de plank nam.

„Wie klingen eigentlich Horoskope?",
fragte mich Otto, der ältere Herr von
nebenan, bei dem es in der Liebe,
im Beruf und in der Gesundheit gerade
bergauf und bergab ging, als Mars
dafür sorgte, dass ich – gerade auf
der Überholspur des Lebens, mit ein
paar Stolpersteinen im Weg – Maoam
aus dem Regal nahm oder auch nicht,
weil ich erreichen kann, was ich mir
in den Kopf setze.

#76

„Ist die Macht eigentlich stark in dir?",
mich Meister Otto-Wan Kenobi vom
Nachbarplaneten fragte, als aus dem
Regal Maoam Star Stixx ich nahm und
wechselte auf die dunkle Seite somit.

„Wie sieht eigentlich ein pseudo-lateinischer Platzhaltertext aus?", Lorem ipsum dolor sit amet, consectetur adipisici elit, sed eiusmod tempor incidunt ut labore et dolore magna aliqua. Ut enim ad minim veniam, quis nostrud exercitation ullamco laboris nisi ut aliquid ex ea commodi consequat. Quis aute iure reprehenderit in voluptate velit esse cillum dolore eu fugiat nulla pariatur. Excepteur sint obcaecat cupiditat non proident, sunt in culpa qui officia deserunt mollit anim id est laborum.

#78

„Was ist eigentlich ein Rechtschreibfehler?", fragde mich Ortho, der eltere Graph von nehbenan, alls ich krade Mauam aus dem Regahl nam.

„Wás heißt denn | éigentlich | Dáktylus, | nébenbei?",
frágte mich | Ótto vom | Áltenheim | nébenan,
áls ich grad | (gánz alte(r) |Lébefrau | Lébemann)
Máoam | áus dem Re– | gál nahm, ganz | éiweißfrei.

#80

„Wer ist denn eigentlich nochmal
Didi Hallervorden?", fragte mich Otto,
der schon etwas demente ältere Herr
von nebenan, als ich gerade eine
Flasche Maoam aus dem Regal nahm.

„Was ist eigentlich ein Déjà-vu?",
fragte mich Otto, der ältere Herr
von nebenan, als ich gerade
Maoam aus dem Regal nahm.

#82

„Was ist eigentlich semantische
Reanalyse?", fragte Mich-Otto, der
ältere Herr von nebenan, als ich
gerade Maoam aus dem Regal nahm.

„Was ist eigentlich mit deinem Rücken
los?", fragte mich Otto, der ältere Herr
von nebenan, als ich krumm Maoam
aus dem Regal nahm.

#84

„Wie kaschieren Hipster eigentlich ihre
guilty pleasures?", fragte mich Otto, der
ältere Dude von nebenan, als ich gerade
ironisch Maoam aus dem Regal nahm.

„Wie muss man eigentlich Kommata verschieben und Großbuchstaben einbauen, damit aus einer Apposition ein Herrschertitel wird?", fragte mich Otto der Ältere, Herr von Nebenan, als ich gerade Maoam aus dem Regal nahm.

#86

„Was ist eigentlich ein *Pluralis
Majestatis*?", fragte uns Otto, der
ältere Herr von nebenan, als wir
gerade Maoam aus dem Regal
nahmen.

„Was ist eigentlich das Jugendwort
des Jahres 2020?", fragte mich Otto, der
ältere Herr von nebenan, als ich gerade
völlig lost Maoam aus dem Regal nahm.

#88

„Mit welchem Zahlencode kürzen Nazis eigentlich *Heil Hitler* ab?", fragte mich Otto, der ältere Kamerad von nebenan, als ich gerade Maoam aus deutscher Produktion aus dem Eichenholzregal nahm.

„Was ist eigentlich ein Déjà-vu?",
fragte mich Otto, der ältere Herr
von nebenan, als ich gerade
Maoam aus dem Regal nahm.

#89

„Was kann man eigentlich als Cokatalysator für die Olefin-Polymerisation mit Metallocen-Komplexen einsetzen?", fragte mich Otto, der pyrophore Rentner von nebenan, als ich gerade zu Reinigungszwecken MAO am Regal applizierte.

„Was ist eigentlich eine zeileninterne
Buchstabenanapher?",
Motzt also Otto (alter Mitmönch)
Mich an, obwohl's aber meine
meist anstrengenden Ordensleute allesamt mittragen,
Maoam
mal ausm oberen Ablagefach mitzunehmen.

#91

„Was ist eigentlich ein Kompositum?",
fragte mich Otto-Heinrich, der
Ruheständler aus dem Nachbarhaus,
als ich gerade Süßwaren aus dem
Standregal nahm.

#93

„Wie funktioniert eigentlich pseudo-superlativisches Tourismusmarketing?", fragte mich Otto, der ältere Herr von nebenan, als ich gerade Maoam aus dem drittschiefsten Birkenfurnier-Regal im östlichen Sauerland nahm.

#94

„Sind Limmericks eigentlich machbar?",
fragte Otto, mein älterer Nachbar,
als ich aus dem Regal
gerade Maoam stahl,
weil mir wegen des Reims halt danach war.

#95

„Wie lässt man einen Text eigentlich übertrieben skandinavisch aussehen?", frægte mich Øttø, der æltere Herr vøn nebenån, åls ich geråde Måøåm åus dem Billyregål nåhm.

„Was passiert eigentlich, wenn der Kugel-
schreiber plötzlich den Geist aufgibt?",
fragte mich Otto, der ältere Herr von
nebenan, als ich gerade Maoan

#97

„Steht bei Wikipedia eigentlich was zu diesem Möbelstück?", fragte mich Otto, der ältere Herr von nebenan, als ich gerade Maoam aus dem Ausrüstungs-gegenstand nahm, welcher der Lagerung von Gegenständen aller Art dient, dessen Lagerungsfläche durch waagerechte Böden (Borde, Tablare) entsteht, die in ein vertikales Gestänge eingehängt oder an der Wand befestigt sind, und das im Gegensatz zum Schrank nach vorne offen ist.

„Was heißt eigentlich *kafkaesk*?", fragte
mich, ohne dass er etwas Böses getan
hätte, Otto, der greise Käfer aus dem
verschollenen Schloss nebenan, als
ich gerade in meines Vaters altem Hof
Maoam aus dem verbotenen Küchen-
regal nahm.

#99

„Was habe ich eigentlich getan, dass junge Linke mich so hassen?", fragte mich Otto, der alte weiße Cis-Mann von nebenan, als ich gerade Maoam aus dem Regal nahm.

„Was ist eigentlich ein Cento?",
fragte mich Otto
o Gott, o Gott, o,
der ältere Herr von nebenan,
ein recht verliebter Don Juan,
als ich gerade Maoam
oh Maoam, kein andres Mam,
viel mehr, als mein Regal,
halb im Stande ist zu fassen,
bitte, doch mich auszureden lassen,
aus ebendiesem nahm.

#101

„Sammeln Sie eigentlich Punkte?", fragte mich Otto, der ältere Kassierer vom Discounter nebenan, als ich gerade Maoam und meinen Lieblings-Disneyfilm aus dem Regal nahm.

„Worum geht es eigentlich in *Warten auf Godot*?", fragte mich irgendwann Otto, der ältere Herr von nebenan, als ich endlich Maoam aus einem Regal nehmen wollte, von dessen Existenz wir schon nicht mehr ganz überzeugt waren.

#103

„Was ist eigentlich Mansplaining?", fragte
mich Otto, der ältere Herr von nebenan,
bevor er mir erklärte, wie ich die Maoam
noch besser aus dem Regal nehmen
könnte.

„Was ist eigentlich eine Teichoskopie?",
fragte mich Otto, der ältere Herr von
nebenan, als ich ihm beschrieb, wie im
Nebenraum gerade jemand Maoam
aus dem Regal nahm.

#105

„Bleibt die Lesbarkeit eigentlich wirklich gewährleistet, wenn nur der erste und der letzte Buchstabe eines Wortes an der korrekten Stelle bleiben?", ftrgae mcih Otto, der ätrlee Hrer von nbaenen, als ich gdaere Maaom aus dem Rgael nham.

„Was ist eigentlich Leichte Sprache?",
fragt mich Otto.

Otto ist mein Nachbar.

Otto ist ein alter Mann.

In einem Regal liegen Süßigkeiten.

Ich nehme die Süßigkeiten
aus dem Regal.

#107

„Was ist eigentlich Etymologie?", fragte
mich Otto (< ahd. *ot* 'Besitz'), der ältere
Herr (< ahd. *hěr(r)o* < ahd. *hēriro, hērōro*
'Höhergestellter, Herrscher' < ahd. *hēr*
'alt, ehrwürdig') von nebenan, als ich
gerade Maoam aus dem Regal
(< ahd. *rīga* 'Linie') nahm.

„Was ist eigentlich die Durchbrechung der vierten Wand?", fragte Otto, der ältere Herr von nebenan, Sie, werte Leserschaft, als ich gerade Maoam aus dem Regal nahm.

#109

„Was wollt ihr dann?", fragte mich
DJ Otto, der Rentner von nebenan,
als ich gerade die Antwort auf
seine Frage aus dem Regal nahm.

„Wieso höre ich da eigentlich Polizei-
sirenen?", fragte mich Otto, der ältere
Herr von nebenan, als ich gerade
Maoam aus dem Regal nahm und sie
in meiner Tasche verschwinden ließ.

#111

„Wieso interrogierst du eigentlich unschuldige Kaubonbons?", fragte mich Otto, der ältere Herr von nebenan, als ich gerade Maoam aus dem Regal vernahm.

„Und wieso kommt jetzt eigentlich
auch noch die Feuerwehr??", fragte mich
Otto, der ältere Herr von nebenan, als
ich gerade Maoam aus dem brennenden
Regal nahm.

#113

„Wie sinnvoll ist es eigentlich, Braille-
schrift ohne Relief abzudrucken?",

„Wie macht eigentlich Schrödingers Katze?", fragte mich Otto, der ältere Herr von nebenan, als ich gerade (k)ein Mau ambivalent aus einer Kiste im Regal vernahm.

#115

„Wie sieht eigentlich eine maoambezogene Quizfrage aus?", fragte mich Otto, der ältere Herr von nebenan, als ich gerade

A: ein bekanntes Museum für zeitgenössische Kunst in New York

B: quaderförmige Kaubonbons von Haribo

C: den Klang einer sterbenden Katze

D: einen Bagger

aus dem Regal nahm.

„Läuft die Sache mit dem *sugar daddy*
nicht eigentlich ganz anders ab?",
fragte mich Otto, mein älterer Süßig-
keitensponsor von nebenan, etwas
enttäuscht, als ich gerade Maoam
aus dem Regal nahm.

#117

„Wer war eigentlich Ernst Jandl?", fragte
mich Otto, der ältere Herr von nebenan,
dessen Mops oft vollgekokst kotzte, als

```
R E G A L R E G A L R E G A L R E G A L A G E R
E                                       A
G                                       G
A                                       E
L                 easter egg            R
R E G A L R E G A L R E G A L R E G A L A G E R
E                                       A
G                                       G
A                                       E
L                                       R
R E G A L R E G A L R E G A L R E G A L A G E R
E                                       A
G                                       G
A                                       E
L                                       R
```

ERLAGERLAGER
                    E   ich
                    G   ichich
                    G   ich
                    A   i
                    L
ERLAGERLAGER
              NEHMENNEHMENchichic
                    G   h
                    A   i
                    L   c
       maoam   L   h
ERLAGERLAGER   i
                    R
                    E   c   c
                    G   h   h
                    A   i   i
                    L   c   c
                                         h   h.

#118

„Kann man aus Vornamen eigentlich Beleidigungen machen?", fragte mich mein älterer Nachbar, so ein richtiger Otto, als ich gerade Maoam aus dem Regal nahm.

„Gibt's hier eigentlich keine Frauenquote?",
fragte mich Anna, die ältere Dame von
nebenan, als ich gerade Maoam aus dem
Regal nahm.

#120

„Was ist eigentlich auktoriales Erzählen?",
fragte mich Otto, der ältere Herr von
nebenan, als ich gerade Maoam aus dem
Regal nahm. Er wusste nicht, was ihm nur
kurz darauf widerfahren sollte.

#121

„Was ist eigentlich ein Plot-Twist?",
fragte mich Otto, der ältere Herr von
nebenan, nur Sekunden, bevor ich ihn
mit einer Kilo-Dose Maoam erschlug.

#122

„Was ist eigentlich politische Unkorrekt-heit?", fragte mich Otto, der alte Krüppel von nebenan, als ich gerade Maoam aus dem Regal nahm.

„Was ist eigentlich ein misslungenes
Märchenende?", fragte mich einst Otto,
der ältere Herr von nebenan, als ich
gerade Maoam aus dem Regal nahm.
Und wenn er nicht gestorben ist...
oh – er ist gestorben.

Danksagung

„Warum liegt hier eigentlich kein Stroh rum?", fragte Dominik Schindera, der maskierte Meister zweideutiger Zoten von nebenan, als er gerade unser Kaubonbon-Regal reparieren wollte. – Na, dann bl...eibt uns nur noch, uns bei Dominik für die linguistische und humoristische Unterstützung zu danken und ihm hiermit die gewünschte Zugabe zu geben.

„Wie bedankt man sich eigentlich bei Reinhard Ammer für die Textdurchsicht und verneigt sich gleichzeitig vor seinem Werk?", begehrte der verlebte nette Herr der Nebengegend, der dem Gestell-brett gegen fettes Entgelt gerne jede Menge leckere Reserve-Schleckerles entwendete.

„Findest du es eigentlich auch schade, dass im deutschen Literaturbetrieb mit den Namen Thomas und Heinrich immer nur die ollen Gebrüder Mann verbunden sind und nicht die tollen Mannsbilder vom Schillo-Verlag, bei denen man sich einfach gut aufgehoben fühlt?", fragte mich Otto, ebenfalls ein Mann, aber schon ein bisschen älter und außerdem von nebenan, als ich gerade Maoam aus dem Regal nahm.

„Interessante Idee... Aber habt ihr eigentlich schon mal über ein ansprechendes Layout für euren Otto nachgedacht?", fragten uns Sophie und Nina vom Schillo-Verlag, als wir gerade das Maoam-Regal aufs Cover nehmen wollten, wovon sie uns zum Glück mit überzeugenderen Vorschlägen abbringen konnten. Danke, dass ihr den älteren Herrn von nebenan so hübsch in Form gebracht habt!

Fremdzitate

#68: Simlisch ist eine von Will Wright erstellte Sprache. Die einzelnen Ausdrücke sind den Seiten https://sims.fandom.com/wiki/Simlish, https://aminoapps.com/c/sims/page/item/simlish-dictionary/06mH_ZI0Lxz8gbBEdJlnJRvY7Y BEm7 und https://sims.fandom.com/de/wiki/Simlisch entnommen.

#97: Die Definition zitiert den Wikipedia-Eintrag Regal (Möbelstück) in der Fassung vom 09.11.2021 (https://de.wikipedia.org/wiki/Regal_(M%C3%B6belst%C3%BCck). Der Eintrag unterliegt der Lizenz CC-by-sa-3.0.

#100: Die Verse stammen aus den folgenden Gedichten: *Der Auerhahn* (Rudolf Baumbach, Mein Frühjahr, J.G. Cotta'sche Buchhandlung Nachfolger, Stuttgart/Berlin 1907, S. 99), *Der Bücherfreund* (Joachim Ringelnatz, Allerdings, Rowohlt, Berlin 1928, S. 58–60), *ottos mops* (Ernst Jandl, der künstliche baum, Luchterhand, Berlin 1970, S. 58) sowie *Kindheitserinnerung* (Jeff Brett, o.J., http://www.lyric-comic-art.de/gedichte/#acht).

#113: Die Braille-Schrift wurde mit dem Übersetzungstool der Christoffel Blindenmission (https://www.cbm.de/behinderung-und-sprache/blindenschrift-braille/blinden schrift-uebersetzer.html) erstellt.

Emil Bach (*1995) ist Sprachwissen-schaftler. **Bea Michl** (*1998) hat mit Literaturwissenschaften auch nichts Gescheites gelernt. Beide leben und arbeiten in Minne. In ihrer Freizeit schätzen sie Laugengebäck und Laufenten (und außerdem Zeugmata als ziemlich witzig ein).

Impressum

Gestaltung: Sophie Schillo
Druck/Bindung: Jettenberger Internationale
Druckagentur, D-Königsbrunn
Schrift: TIGHTYPE Moderat
Umschlagmotive: ©paladin1212, ©Kurt
stock.adobe.com

Printed in Europe

Die Deutsche Nationalbibliothek verzeichnet diese
Publikation in der Deutschen Nationalbibliografie;
detaillierte bibliografische Daten sind im Internet
über http://dnb.d-nb.de abrufbar.

© 2022 Schillo Verlag, München
ISBN 978-3-944716-28-2